BEI GRIN MACHT SICH II
WISSEN BEZAHLT

- Wir veröffentlichen Ihre Hausarbeit,
  Bachelor- und Masterarbeit

- Ihr eigenes eBook und Buch -
  weltweit in allen wichtigen Shops

- Verdienen Sie an jedem Verkauf

Jetzt bei www.GRIN.com hochladen
und kostenlos publizieren

Sebastian Kentsch

Dependenz Parsing - Ein sinnvolles Verfahren?

Kritische Betrachtung des Dependenz Parsings an Hand des Textes: Dependency Grammar and Dependency Parsing von Joakim Nivre (2005)

GRIN Verlag

Bibliografische Information der Deutschen Nationalbibliothek:

Die Deutsche Bibliothek verzeichnet diese Publikation in der Deutschen National-bibliografie; detaillierte bibliografische Daten sind im Internet über http://dnb.d-nb.de/ abrufbar.

Impressum:

Copyright © 2011 GRIN Verlag GmbH
Druck und Bindung: Books on Demand GmbH, Norderstedt Germany
ISBN: 978-3-656-09838-6

Universität Trier
Fachbereich II - Linguistische Datenverarbeitung
Modul: Sprach- und Textverarbeitung: Syntaktische Analyse natürlicher
Sprache

WS 2009/10

Dependenz Parsing- Ein sinnvolles Verfahren?

Kritische Betrachtung des Dependenz Parsings
an Hand des Textes: *Dependency Grammar and
Dependency Parsing* Joakim Nivre (2005)

Sebastian Kentsch

Inhaltsverzeichnis

1. Einleitung

Dependenz Parsing - ein noch junges, ja sogar bis dato wenig beachtetes Parsing Verfahren- obgleich es zunehmend immer mehr an Bedeutung, insbesondere aufgrund seiner Schnelligkeit, zunimmt. Doch ist dieses Verfahren tatsächlich so erfolgsversprechend? Dieser Frage soll im Laufe dieser Arbeit vornehmlich an Hand des Textes von Joakim Nivre: *Dependency Grammar and Dependency Parsing* nachgegangen werden. Nivres Aussage bezüglich der Vorteile des Dependenz Parsings gilt es in diesem Kontext zu überprüfen.

Doch bevor dies geschieht, erfolgt zunächst einmal ein Überblick über die Dependenzgrammatik, die Grundlage des Dependenz Parsing. Die Entstehung, Entwicklung und wesentlichen theoretischen Grundlagen jenes grammatikalen Ansatzes werden dem zur Folge dargelegt und kurz erklärt, um den Zugang zu dieser Thematik und weiteren Überlegungen zu vereinfachen. Komplettiert wird dies durch die im folgenden Kapitel vorgenommene Erklärung der Funktionsweise und des Einsatzes des Parsingverfahren selbst, bevor sich im Hauptteil dieser Hausarbeit eingehend mit dem Dependenz Parsing auseinandergesetzt wird.

In diesem Teil der Arbeit geht es im Wesentlichen darum, die Argumente, die Nivre für das Verwenden von Dependenz gestützten Parsingverfahren an Stelle anderer Methoden aufführt, darzulegen und anschließend kritisch mittels wissenschaftlicher Forschungsergebnisse und Meinungen zu beleuchten. Vor- und Nachteile von Dependenz Parsing sollen so erläutert werden, um dann abschließend eine Bewertung jenes Verfahrens vornehmen zu können.

2. Dependenzgrammatik - Ein Überblick

In den letzten Jahren ist das Interesse an Parsing Modellen, die Dependenzgraphen der Dependenzrepresentationen eines Satzes produzieren, gestiegen. Dies liegt insbesondere an der effizienten und flexiblen Beschaffenheit bezüglich der computergesteuerten Berechnung der Dependenzgraphen. Darüber hinaus ermöglichen Dependenzgraphen eine vereinfachte Modellierung von *non-projectivity* in Sprachen mit freier Wortanordnung. Ebenso erlauben Parsingverfahren basierend auf Dependenzgrammatik eine Enkodierung tieferer syntaktischer Informationen, die für weitere computer-linguistische Prozesse verwendet werden können (McDonald et. al. 2006: 216; Attardi 2006).

Die Bedeutung Dependenz gestützter Parsingverfahren nimmt also ob der zuvor dargestellten Gründe zunehmend an Bedeutung zu. Die Grundlage dieser verfahren stellt dabei die Dependenzgrammatik dar.

Die Wurzeln der Dependenzgrammatik gehen bereits auf die mittelalterlichen Grammatiktheorien zurück (Covington 1984) und hat sich zunehmend als Form syntaktischer Repräsentationen, verwendet von vielen traditionellen Grammatikern, besonders in Europa, entwickelt (Mel'čuk 1988). Der von Tesnière (1959) entwickelte theoretische Ansatz hat wesentlich zur Entwicklung der modernen theoretischen Tradition der Dependenzgrammatik beigetragen. Die elementare Idee dieses theoretischen Ansatzes ist die Annahme, dass ein Satz aus einer syntaktischen Struktur bestehend aus binären asymmetrischen Beziehungen, Dependenzen genannt, besteht.

Dependenzen selbst werden Gaifman (1965) und Robinson (1970) zur Folge als einen wohlgeformten String charakterisiert, wenn:

1.   es eine einzige Wurzel in einem Satz gibt;
2.   alle anderen Elemente von anderen Elementen abhängen;
3.   kein Element nicht direkt von mehr als einem Element abhängig ist;
4.   jeder Dependent adjazent zu seinem Kopf ist.

Nach Fraser (1988) ist ein *Dependent* adjazent zu seinem *Kopf*, wenn er nicht von dem *Kopf* durch nichts außer von anderen *Dependenten* desselben *Kopfes* oder durch den *Dependenten* selbst getrennt ist.

„A dependent is said to be adjacent to its head if it is not separated from that head by anything apart from other dependents of the same head or of the dependent itself." (Fraser 1988: 296)

3

Mel'čuk (1988) unterteilt die Wortformen in einem Satz in drei unterschiedliche Typen von Beziehungen: *morphologische, syntaktische* und *semantische*. Somit nimmt er eine Präzisierung des von Tesnière entworfenen Dependenzbegriffes vor. Nikula (1986) differenziert bei syntaktischen Dependenzen noch zwischen *endozentrischen* und *exozentrischen* Konstruktionen. Bei einer *endozentrischen* Konstruktion kann der *Kopf* das „Ganze" eines Satzes ersetzen, ohne dabei die syntaktischen Strukturen zu zerstören. Im Kontrast dazu vermag der *Kopf* bei einer exozentrischen Konstruktion nicht die gesamte syntaktische Struktur des Satzes zu ersetzen (vgl. Nivre 2005: 5).

Die Unterscheidung zwischen *endozentrischen* und *exozentrischen* Konstruktionen ist vergleichbar mit der Differenzierung zwischen *head-complement* und *head-modifier*-Beziehungen, die in vielen zeitgenössischen syntaktischen Theorien zu finden sind. Demnach lassen sich *head-complement*-Beziehungen als *exozentrisch* und *head-modifier*-Beziehungen als *endozentrisch* einordnen (vgl. ebd.: 5).

Dependenz Syntax repräsentiert in diesem Sinne syntaktische Informationen als ein Netzwerk von *head-modifier* Dependenzbögen, die typischerweise auf einen gerichteten Baum beschränkt sind (Koo et. al. 2008: 595).

„In dependency grammar, syntactic relationships are represented as head-modifer dependencies: directed arcs between a *head*. Which is the more „essential" word in the relationship, and a *modifier*, which supplements the meaning of the head." (Koo/Collins 2010: 1)

Die Differenzierung zwischen *complements* und *modifiers* orientiert sich außerdem zumeist grundlegend an den Bedingungen der *Valenz*, einem zentralen Gedanken der Dependenzgrammatik. Unter *Valenz* werden in diesem Kontext im Allgemeinen die Anforderungen, die ein Verb an seine syntaktischen Dependenzen, die zudem die Interpretation des Verbs als ein semantisches Prädikat reflektieren, stellt, verstanden (ebd.: 5). Das Verb in den Mittelpunkt für die Bestimmung syntaktischer Dependenzen zu setzen ist ebenfalls ein theoretischer Ansatz, der auf Tesnière zurück geht. Neben der Entwicklung des *Valenz* Begriffs basiert Tesnières (1959) Theorie auf drei theoretischen Konzepten:

der Konnexion,

Junktion

und der Translation.

Während die Konnexion der Dependenz einer syntaktischen Struktur, bestehend aus binären asymmetrischen Beziehungen, entspricht, stellen die Junktion und Translation andere Beziehungen, die zwischen Wörtern eines Satzes bestehen, dar (Nivre 2005:7).

Junktion definiert sich als die Beziehung zwischen koordinierten Items, die *Dependenten* desselben *Kopfs* oder *Kopfs* derselben *Dependenten* sind. Translation hingegen meint die Beziehungen zwischen Funktionswörtern oder anderen Elementen, die die syntaktische Kategorie von lexikalischen Elementen so verändern können, dass sie eine andere Dependenz Beziehung eingehen können (ebd.:7).

Zusammenfassend kann festgehalten werden, dass eine Dependenzbeziehung immer zwischen einem *Kopf* und dem *Dependent* besteht. In der Dependenzgrammatik selbst wird jenes Abhängigkeitsverhältnis, also das zwischen dem *Kopf* und dem *Dependenten*, untersucht.

"In der Dependenzgrammatik besteht die Hierarchie aus Abhängigkeiten (Dependenzen) von Wörtern untereinander. Die Dependenzen werden durch Verknüpfungen von jeweils zwei Wörtern modelliert. Graphisch sind es Kanten eines Baums (bei Tesnière *connexions*). Die Verknüpfungen sind immer gerichtet. Genauer gesagt gibt es immer ein *Regens* und ein davon abhängiges *Dependens* [...]" (Lemnitzer/Zinsmeister 2006: 76).

Nun stellt sich jedoch die Frage, wann von einem *Kopf/Regens* oder *Dependenten/Dependens* in einem Satz gesprochen bzw. nach welchen Kriterien jene Klassifizierung vorgenommen werden kann. Es gibt einige Kriterien, die bei der Betrachtung von Dependenzbeziehung sowie der Unterscheidung des *Kopfes* und des *Dependenten* in einer solchen Beziehung zu beachten sind. Viele dieser Kriterien sind in der Vergangenheit diskutiert worden. Hier werden jedoch nur die wesentlichen dargestellt. Für die Identifizierung einer syntaktischen Beziehung zwischen *Kopf* (H) und *Dependenten* (D) in einer *Konstruktion* (C) schlagen Zwicky (1985) und Hudson (1990) folgende Kriterien vor:

1. H determiniert die syntaktische Kategorie C und kann C oft ersetzen.
2. H determiniert die semantische Kategorie C; D gibt die semantische Spezifikation.
3. H ist obligatorisch; D darf optional sein.
4. H wählt aus D und determiniert, ob D obligatorisch oder optional ist.
5. Die Form von D hängt von H ab.
6. Die lineare Position von D wird mit Bezug auf H festgelegt.

Für die Generierung einer Dependenzstruktur, aus der sich ein Dependenzgraph ableiten lässt, der eine Modellierung syntaktischer Dependenzen ermöglicht, ist es entscheidend, den Knoten für eine Dependenzstruktur zu ermittelt. Hierfür gibt es unterschiedliche theoretische Ansätze. Die meisten hiervon gehen davon aus, dass eine Dependenzbeziehung eher zwischen lexikalischen Elementen als zwischen Phrasen besteht. Aber zwischen der Beschaffenheit jener Elemente gibt es unterschiedliche Auffassungen. Die in der Wissenschaft am häufigsten verbreitete Meinung ist, dass Knoten einer Dependenzstruktur auf die Wortformen, die in einem Satz vorkommen, zurückzuführen sind. Diese Betrachtungsweise wird in einem Großteil der Parsingsysteme basierend auf Dependenzgrammatik verwendet. Es ist aber ebenso möglich, Dependenzstrukturen aus wesentlich abstrakteren Einheiten wie Lemmata oder Lexeme zu gewinnen, oder aber dass Elemente mehrere Wordformen annehmen, die einen *dissociate nucleus* konstituieren (Nivre 2005: 8).

Der Dependenzgraph selbst illustriert die Dependenz Repräsentationen, bestehend aus lexikalischen Elementen, verlinkt durch binäre asymmetrische Relationen. Dieses Beziehungsnetz der lexikalischen Elemente kann als ein beschrifteter, gerichteter Graph definiert werden, in dem ein Set von Knoten dem Set an lexikalischen Elementen entspricht und die beschrifteten Kanten die Dependenzbeziehungen der *Köpfe* zu den *Dependenten* repräsentieren. Um eine komplette syntaktische Analyse eines Satzes zu ermöglichen, muss der Graph so verbunden sein, dass jeder Knoten nur zu einem anderen Knoten verbunden ist (Mel'čuk 1988).

Darüber hinaus gibt es zwei Bedingungen bezüglich der Generierung von Graphen. Es wird festgelegt, dass jeder Knoten nur einen *Kopf* besitzen und zudem der Graph nicht in Form eines Kreislaufs dargestellt werden darf. Aus diesen beiden Bedingungen zusammen mit der Prämisse der Verbundenheit der Knoten untereinander ergibt sich der Rückschluss, dass ein Graph ein verwurzelter Baum mit nur einem *Wurzelknoten*, der nicht von anderen *Dependenten* abhängig ist, darstellt (Nivre 2005: 9). Jener Umstand ist bereits von Gaifman (1965) und Robinson (1970) im Kontext der Definition von Dependenz, wie eingangs erwähnt, dargelegt worden.

3. Dependenz Parsing - Einsatz- und Funktionsweise

Parsing ist ein wichtiger Vorverarbeitungsprozess für Anwendungen im Bereich der *Natural language processing* (NLP) und erfreut sich deshalb großem Interesse. Der Forschungsschwerpunkt in diesem Bereich liegt seit dem letzten Jahrzehnt auf Daten gestützten Parsingansätzen und ihre Leistungsfähigkeit steigt ständig. Für das Training dieser Parser sind syntaktisch annotierte Korpora von einer Großzahl an Sätzen notwendig; aus diesem Grund lag der Fokus der Forschung zunächst auf dem Englischen, da sich die Annotation von Korpora dieser Sprache als einfach gestaltete. Erst seit den letzten Jahren kann auf Annotationen von anderen Sprachen zurückgegriffen werden und eben auch für diese Sprachen sind Parser entwickelt worden (Buchholz/Marsi 2006: 149).

Bei Dependenz Parsing selbst handelt es sich kurz gesagt um die automatische Analyse der Dependenz Strukturen, die in einem in das Parsing Programm eingespeisten Satz vorkommen (Kübler et al. 2009: 6).

Es gibt unterschiedliche Parsingverfahren, jedoch interessieren in diesem Kontext nur die computergestützte Implementierung von syntaktischer Analyse, die auf Dependenz Repräsentationen basieren. Wie bereits erwähnt erfreuen sich Dependenz gestützte Parsingverfahren ob ihres hohen Grades an Effektivität vermehrt Verwendung im Bereich der NLP. Neben den bereits dargelegten Daten gestützten Parsingverfahren in der Disziplin des Dependenz Parsings gibt es zudem Grammatik gestützte Verfahren. Jene Verfahren beruhen auf einer formalen Grammatik, die eine formale Sprache definiert. Was folgt ist eine Überprüfung, ob eingespeiste Sätze der Sprache, die von der Grammatik definiert wird, entsprechen oder nicht (Kübler et al. 2009: 7).

Frühe Arbeiten an Parsingtmethoden mit Dependenz Repräsentationen waren an der Formalisierung von Dependenzgrammatik, die sich sehr eng an kontextfreier Grammatik orientierte, wie beispielsweise die Forschungsarbeiten von Hays (1964) und Gaifman (1965), geknüpft.

Gaifman (1965) beweist, dass es einige Ähnlichkeiten zwischen dem von ihm entwickelten Dependenz System zu kontextfreien Grammatiken gibt. Insbesondere zeigt er, dass die beiden Systeme leichte Ähnlichkeiten aufweisen, z.B. charakterisieren beide die Klasse der kontextfreien Sprache. Außerdem verdeutlicht Gaifman, dass jedes Dependenz System in eine kontextfreie Grammatik überführt werden kann, wohingegen die Umkehrung der Konstruktion nur für eine eingeschränkte Teilmenge der kontextfreien Grammatik möglich ist.

7

Der enge Zusammenhang zwischen kontextfreier Grammatik in der Formalisierung von Dependenzgrammatik lässt zudem den logisches Schluss zu, dass dieselbe Parsingmethode für beide grammatikalischen Systeme verwenden werden können. Earley (1970), sowie Sleator und Temperley (1991; 1993) verwenden beispielsweise einen auf dynamische Programmierung basierenden Algorithmus, der eng an die kontextfreie Grammatik angelehnt ist, für die von ihnen entwickelte Parser für Dependenz Repräsentationen (Nivre 2005: 14-15; Nivre 2006: 58).

Eine übliche Form, die die zuvor geschilderten Ansätze von Grammatik gestützten Parsingmethoden, die Dependenz Parsing als eine Form lexikalisierten kontextfreien Parsings implementiert, aufgreift, beschränkt sich auf die Ableitung der Projektivität von Dependenstrukturen (ebd.: 15). Viele dieser Methoden sind unter dem Begriff der bilexikalen Grammatik zusammengefasst, die auf Eisner (2000) zurückgeht. Nach Eisner (2000) besteht die Formalisierung einer bilexikalen Grammatik aus zwei Elementen:

1. Dem Vokabular an Wörtern, die ein deutlich erkennbares Ursprungssymbol/ Wurzelsymbol beinhalten.

2. Für jedes Wort, das dem Vokabular angehört, gibt es ein Paar von deterministischen *finite-state* Automaten. Jeder Automat akzeptiert eine reguläre Teilmenge des Vokabulars.

Die Beschaffenheit eines *Dependenzbaums*, die durch eine bilexikale Dependenzgrammatik definiert wird, lässt sich wie folgt beschreiben:

1. Ein *Dependenzbaum* ist ein verwurzelter Baum, dessen Knoten mit Wörtern aus dem Vokabular der Grammatik beschriftet sind und dessen Wurzelknoten speziell gekennzeichnet ist. Die *Kinder* eines Knoten sind in dem Sinne geordnet, dass jeder Knoten *linke Kinder* hat, die vorausgehen und *rechte Kinder*, die ihnen folgen.

2. Ein *Dependenzbaum* ist gemäß einer bilexikalen Dependenzgrammatik grammatikalisch, wenn für jedes Wort oder Token, das in einem Baum vorkommt, die Sequenz von *linken Kindern* (von rechts nach links), auch wenn sie möglicherweise leer ist, sowie die Sequenz von *rechten Kindern* (von links nach rechts) akzeptiert wird (Nivre 2005: 16).

8

Der von Eisner entwickelte Parsing Algorithmus für bilexikale Grammatik basiert ebenfalls auf dynamischer Programmierung (ebd.: 16).

Ein weiterer Ansatz für Grammatik gestütztes Parsen basiert auf der Idee des *eliminierenden* Parsings bei der Sätze analysiert und Repräsentationen entfernt werden, die zuvor getroffene Beschränkungen verletzen, so dass nur noch valide Repräsentationen übrig bleiben. Es handelt sich somit um einen regelbasierten Ansatz, in dessen Mittelpunkt die Erfüllung der aufgestellten Regeln, die erst die Validität einer Grammatik definieren, steht. Karlsson (1990; 1995) ist einer der ersten, der ein Parsingsystem, das auf dem zuvor beschriebenen Grundgedanken fußt, entwickelt. Sein System verwendet unspezifizierte Dependenzstrukturen, die als syntaktische Tags repräsentiert und mittels eines Sets von Regeln, die fehlerhafte Strukturen ausschließen, disambiguiert werden. Harper und Helzman (1995), Duchier (1999; 2003) und Debusmann et. al. (2004) liefern ähnliche Systeme, die jenen Parsingansatz aufgreifen.

Zwei Trends im Grammatik gestützten Dependenz Parsings lassen sich zusammenfassend formulieren:

1. Dependenz Parsing basierend auf der Formalisierung von Dependenzgrammatik eng geknüpft an kontextfreie Grammatik und üblicherweise begrenzt durch projektive Dependenzstrukturen durch die Verwendung von Techniken von kontextfreien Grammatik, um entsprechende Effektivität bezüglich der Ambiguität in dynamischer Programmierung zu erzielen

2. Dependenz Parsing basierend auf der Formalisierung von Dependenzgrammatik in Termen von Regeln, die nicht notwendigerweise durch projektive Strukturen limitiert werden. Parsing versteht sich in diesem Zusammenhang als die Erfüllung eines Regelproblems, dem mittels der Verwendung von *eliminierenden* Parsingmethoden nachgekommen werden kann.

Neben den zuvor geschilderten Parsingansätzen gibt es eine dritte Möglichkeit des Grammatik gestützten Parsens. Diese fußt auf einer einfacheren Vorstellung von Dependenzgrammatik zusammen mit deterministischen Parsingstrategien. Darüber hinaus ist jene Strategie kompatibel zu einer Vielzahl unterschiedlicher Grammatik Formulierungen. Als Grundlage hierfür dient eine Grammatik, die eine boolesche Funktion definiert, die für jede beliebigen zwei Wörter w_1 und w_2 *true* ausgibt, wenn w_1 der Kopf von w_2 gemäß der

9

Grammatik darstellt (Nivre 2005: 18). Covington (2001) demonstriert, dass diese Parsingmethode dazu verwendet werden kann, Dependenzstrukturen zu generieren, die unterschiedliche Bedingungen, wie beispielsweise die Projektivität und Eindeutigkeit, dass jede Struktur nur einen Kopf aufweisen darf, erfüllen. Ebenso zeigt Covington in einigen seiner Arbeiten, dass diese Parsingstrategien für Sprachen mit freier, flexibler oder regider Wortanordnung geeignet sind (Covington 1990a, b; 1994).

Bereits zu Anfang des Kapitels ist das Daten gestützte Dependenz Parsingverfahren erwähnt worden. An dieser Stelle soll noch einmal etwas genauer auf jene Verfahren eingegangen werden um ihre Verwendung und Funktionsweise ausführlicher zu erklären. Grundsätzlich kann von einem Daten gestützten Verfahren gesprochen werden, wenn in Form des maschinellen Lernens von linguistischen Daten für das Parsen neuer Sätze verwendet wird (Kübler et al. 2009: 7). Ähnlich wie allgemeines Parsen natürlicher Sprache vertrauten erste Versuche des Daten gestützten Dependenz Parsings von beispielsweise Caroll und Charniak (1992) auf eine formale Dependenzgrammatik und verwendeten Korpusdaten, um ein probabilistisches Modell für Disambiguierungen zu erzeugen. Jedoch waren die von Caroll und Charniak erzielten Ergebnisse wenig erfolgreich (Nivre 2005: 19). Wesentlich erfolgreicher ist hingegen der von Eisner (1996a, b) entwickelte Ansatz. Dieser definiert verschiedene probabilistische Modelle für Dependenz Parsing und evaluiert diese mittels überwachten Lernens von Daten mit Teilen des Wall Street Journals aus der Penn Treebank. In späteren Arbeiten zeigt Eisner (2000), dass diese Modelle unter der generellen Notierung einer bilexikalen Grammatik (vgl. S. 7) zusammenfasst werden können.

Eisners Arbeit an Daten gestütztem Dependenz Parsing hat großen Einfluss auf weitere Forschungen in diesem Bereich genommen. Zu einen weil er zeigt, dass generatives probabilistisches Modellieren und Lernen auf Dependenz Repräsentationen angewandt werden kann, um eine Parsing Genauigkeit vergleichbar mit den besten Ergebnissen für Konstituenten basierendes Parsing zu erreichen. Zum anderen lässt sich so verdeutlichen, dass diese Modelle mit einer effizienten Parsing Technologie verbunden werden können, die die speziellen Gegebenheiten der Dependenzstrukturen nutzen (Nivre 2005: 21).

Die Bedeutung des letzten Aspekts wird insbesondere in jüngsten Forschungsarbeiten von McDonald et al. (2005a), die sich mit auf unterschiedliche Bewertungsmethoden von probabilistischen Dependenz Parsing beziehen, deutlich. Ähnlich wie McDonald et al. basieren auch die von Samuelson (2000), Wang und Harper (2004) entwickelten Systeme auf einer formalen Dependenzgrammatik in Kombination mit einem generativen, probabilistischen Modell. Parsing in diesem Kontext besteht in der Herleitung aller Analysen, die laut der Grammatik zulässig sind, und der Selektion der am meisten zutreffenden Analysen gemäß dem generativen Modell. Im Kontrast dazu stehen Arbeiten, die auf unterschiedlichen Modellen reinen induktiven Lernens in Kombination mit diskriminativen Parsing Strategien, Methoden, die keine formale Grammatik beinhalten, fußen (Nivre 2005: 22). Kudo und Matsumoto (2000; 2002) sowie Yamada und Matsumoto (2003) gebrauchen jenen deterministischen diskriminativen Ansatz für die Entwicklung von Parsen, die sich auf jene Parsingmethode stützen.

4. Dependenz Parsing - Ein erfolgreiches Verfahren für die Satzanalyse? - Kritische Betrachtung des Dependenz Parsings

Dependenz Parsing hat bis dato eine eher marginale Rolle in der Geschichte der linguistischen Theorien sowie im NLP Bereich gespielt, wenngleich das Interesse seit der letzten Dekade an Dependenz gestützten Parsingverfahren zunimmt. Hinsichtlich des zunehmenden Interesses stellt sich jedoch die Frage, welche Vorteile jene Verfahren haben. Einige sind im Kontext dieser Arbeit schon genannt worden. So liefern Parser basierend auf Dependenzgrammatik beispielsweise schnelle Ergebnisse (Eisner 2000; McDonald et al. 2005b; McDonald/Pereira 2006, Carreras 2007) und sind flexibel in der Modellierung von Sprachen mit freier Wortanordnung (McDonald et al. 2006; Chanev 2005; Bosco/Lombardo 2004; Bosco et al. 2009a, b).

Nivre (2005) liefert basierend auf den Annahmen von Covington (2001) drei wesentliche Gründe, warum Dependenz Repräsentationen bei syntaktischen Parsen an Stelle von mehr traditionellen Repräsentationen, die gestützt auf Konstituenten gestützt sind, verwendet werden sollten:

1. Dependenz Links sind den semantischen Beziehungen für nachfolgende Schritte der Interpretation nahe; es ist nicht notwendig, die *head-modifer* oder *head-complement* Beziehung eines Baumes, der sie nicht direkt darstellt, zu lesen.

2. Der Dependenzbaum beinhaltet nur ein Knoten pro Wort, da die Arbeit des Parsers nur darin besteht, existierende Knoten miteinander zu verbinden und keine neuen zu kreieren. Dies macht das Parsingverfahren deutlich unkomplizierter und direkter.

3. Dependenz Parsing fußt auf einer *word-at-a-time* Operation, da Wort für Wort an Stelle von kompletten Phrasen geparst werden.

Für Nivre selbst sind die beiden ersten genannten Punkte von Covington am wichtigsten. Weiterhin führt er aus, dass mittels einer eingeschränkten Repräsentation, bei der die Anzahl der Knoten durch den *input string* selbst fixiert wird, eine einfachere und effektivere computergestützte Parsingmethode entwickelt werden könnte. Er weist jedoch darauf hin, dass eine eingeschränkte Repräsentation zugleich eine auch weniger aussagekräftige Repräsentation darstellt und dass Dependenzrepresentationen unter Berücksichtigung der syntaktischen Struktur notwendigerweise unterspezifiziert sind. Zudem verweist Nivre auf Mel'čuk (1988), der deutlich macht, dass in einer Dependenzrepresentation die

Unterscheidung zwischen dem Element, welches den *Kopf* einer Phrase, und demselben Element, dass die gesamte Phrase modifiziert, nahezu unmöglich sei. Diese Form von Ambiguität sei Nivre zur Folge grundsätzlich schwer zu disambiguieren, so dass eine solche Form der Unterspezifikation derzeit sogar vom Vorteil sei, solange gewährleistet werden könne, dass die syntaktischen Repräsentationen genügend strukturelle Relationen, die für die semantische Interpretation notwendig seien, enkodieren könnten. Generell gäbe es einen Kompromiss zwischen dem Ausdruck syntaktischer Repräsentationen und der Komplexität des syntaktischen Parsens. Diesen stellen, so Nivre weiter, Dependenz Repräsentationen dar. Zwar sind sie bezüglich ihrer Ausdrucksfähigkeit weniger geeignet als auf Konstituenten basierende Repräsentationen, aber sie kompensieren dies, indem ein sehr direktes Enkodieren von *predicate-argument* Strukturen ermöglicht wird. Diese Strukturen sind für die semantische Interpretation relevant und setzten sich zudem aus für die Disambiguierung nützliche bilexikalen Beziehungen zusammen. Auf diese Art und Weise können Dependenzstrukturen für NLP Systeme sehr nützlich sein und ebenso Parsing mit hoher Genauigkeit und Effizient erlauben (vgl. Nivre 2005: 24).

Unterstützt wird Nivres Aussage bezüglich der direkten Enkodierungsmöglichkeit mittels Dependenz Parsingverfahren durch Attardi (2006: 166), der dies ebenfalls als vorteilhaft für weitere Verfahrensschritte bewertet.

Bosco et al. (2009 a, b) stellen darüber hinaus in einer Evaluation von Dependenz Parser und Konstituenten Parser, angewandt auf das Italienische und basierend auf der *Turin University Treebank*, fest, dass die Dependenz gestützten Verfahren Ergebnisse liefern, die denen für das Englische deutlich näher sind als die von Konstituenten gelieferten Ergebnisse.

Auch für das Deutsche stellt sich Dependenz Parsing als die deutlich bessere Methode im Vergleich zu Parsingverfahren basierend auf Konstituenten Grammatik dar. Insbesondere mit *long-distance* Beziehungen und die Koordination von Phrasen vermag jener Parser besser umzugehen, stellen Kübler und Prokić (2006) in ihrer Studie zu Dependenz und Konstituenten Verfahren für die *Tüba-D/Z Treebank* fest. Sie begründen die bessere Performanz des Dependenz Parsers mit der Architektur des für das Dependenz Parsing verwendeten *MaltParser*. Dieser bietet eine Definition eines variablen Kontextes, der zugänglich ist, wenn Entscheidungen beispielsweise bezüglich der Einordnung der Wörter getroffen worden sind, an. Darüber hinaus wird bei der Analyse eines Wortes als Dependenten eines vorgehenden Wortes dieses aus seinem unmittelbaren Kontext genommen, so dass das nächste Wort in den Kontext gesetzt werden kann (ebd.: 17).

Comelles et al. (2010) hingegen kommen bei ihrer Evaluation von Dependenz und Konstituenten Parsern zu einem vergleichsweise negativen Ergebnis. Sie zeigen, dass beide Parsertypen Fehler bezüglich der Genauigkeit in der Zuweisung von (Part of Speech) POS und Phrasen Kategorien sowie der Identifizierung des Geltungsbereichs von Phrasen machen. Komplexe Strukturen werden von beiden Parsertypen korrekt analysiert, simple Strukturen hingegen nicht. Die hohe Fehlerquote die beide Parser in diesem Bereich erzielen, erklären die Autoren mit der Auswahl anderer Domänen und Typen syntaktischer Strukturen in ihrem Korpus im Vergleich zu Trainingskorpora der untersuchten Parser. Zudem werden in der Evaluation im Vergleich zu anderen Evaluationen nahezu keine Fehler zugelassen, wenngleich sich nicht alle negativ auf die finalen Objekte der Annotation auswirken (vgl. ebd.: 64). Aus diesem Grund sollten die Ergebnisse dieser Studie nicht überbewertet werden. Dennoch sind die Schwächen, die beide Parser aufweisen, ernst zu nehmen und sie gilt es in Zukunft zu beseitigen, damit eine noch höhere Genauigkeit jener Verfahren erreicht werden kann.

5. Schlussfolgerungen

Am Ende dieser Arbeit lässt sich festhalten, dass sich Dependenz gestützte Verfahren als wesentlich vorteilhaft erweisen insbesondere deswegen, da sie schnelle Ergebnisse liefern und besonders geeignet für Sprachen mit flexibler Wortanordnung sind. Dies lässt sich am Ende dieser Arbeit festhalten.

Es bleibt jedoch stets schwierig unterschiedliche Parsingverfahren miteinander zu vergleichen, zumal sich die Parsingansätze oft differenzieren, indem beispielsweise andere Domänen oder Korpora als Basis jener Verfahren gewählt werden. Darüber hinaus stellt sich insbesondere der Vergleich von Parsingmethoden unterschiedlicher Sprachen aufgrund der verschiedenen Beschaffenheit der Sprachen, zum Beispiel im grammatikalen Bereich, als problematisch dar. Deshalb sind die Ergebnisse der Vergleiche zwischen Dependenz und Konstituentenverfahren mit Vorsicht zu genießen, haben beide Ansätze zumeist unterschiedliche Schwerpunkte, wenngleich die Übertragung von Konstituentenstrukturen in Dependenzstrukturen sehr gut gelingt.

Zudem weist Nivre treffend darauf hin, dass eingeschränkte Repräsentationen, die zumeist für einen Dependenzparser verwendet werden, weniger aussagekräftige Repräsentationen darstellen und das Dependenzrepresentationen unter Berücksichtigung der syntaktischen Struktur notwendigerweise unterspezifiziert sind. Dennoch wirkt sich eine solche Form der Unterspezifikation nicht negativ aus, solange syntaktische Repräsentationen genügend strukturelle Relationen, die für die semantische Interpretation notwendig sind, enkodieren können.

Es gilt jedoch in Zukunft die Fehler, die Dependenzparser beispielsweise bei der Genauigkeit in der Zuweisung von (Part of Speech) POS und Phrasen Kategorien, sowie der Identifizierung des Geltungsbereichs von Phrasen machen, zu korrigieren, um in Zukunft noch bessere Ergebnisse erzielen zu können.

Literaturverzeichnis

Attardi, Giuseppe (2006): Experiments with a Multilanguage Non-Projective Dependency Parser. In: Proceedings of the 10th Conference on Computational Natural Language Learning: 166-170.

Bosco, Cristina; Lombardo, Vincenzo (2004): Dependency and relational structure in treebank annotations. In: Proceedings of the Workshop on Recent Advances in Dependency Grammar at Coling, Geneva, Switzerland.

Bosco, Cristina; Montemagni, Simonetta; Mazzei, Alessandro; Lombardo, Vincenzo; Dell'Orletta, Felice; Lenci, Alessandro (2009a): Evalita '09 Parsing Task: Comparing dependency parsers and treebanks. In: Proceedings of Evalita 09, Reggio Emilia.

Bosco, Cristina; Mazzei, Alessandro, Lombardo, Vincenzo (2009b): Evalita '09 Parsing Task: Constituency parsers and the Penn format for Italian. In: Proceedings of Evalita 09, Reggio Emilia.

Buchholz, Sabine; Marsi, Erwin (2006): CoNLL-X shared task on Multilingual Dependency Parsing. In: Proceedings of the Conference on Computational Natural Language Learning: 149-164.

Caroll, G.; Charniak, E. (1992): Two experiments on learning probabilistic dependency grammars from corpora. In: Technical Report TR-92. Department of Computer Science. Brown University.

Carreras, Xavier (2007): Experiments with a Higher-Order Projective Dependency Parser. In: Proceedings of the CoNLL Shared Task Session of EMNLP-CoNLL: 957-961

Chanev, Atanas (2005): Portability of Dependency Parsing Algorithms: An application for Italian. In: Proceedings of the Fourth Workshop on Treebanks and Linguistic Theories (TLT): 29-40.

Comelles, Elisabet; Arranz, Victoria; Castellón, Irene (2010): Constituency and Dependency Parsers Evaluation. In: Procesamiento del Lenguaje Natural, Reviesta n° 45: 59-66.

Convington, M. A. (1984): Syntactic Theory in the High Middle Ages. Cambridge University Press.

Convington, M. A. (1990a): A dependency parser for variable-word-order languages. In: Technical Report A1-1900-01. University of Georgia.

Convington, M. A. (1990b): Parsing discontinuous constituents in dependency grammar. In: Computational Linguistics, 16: 234-236.

Convington, M. A. (1994): Discontinuous dependency parsing of free and fixed word order: Work in progress. In: Technical Report A1-1994-02. University of Georgia.

Convington, M. A. (2001): A fundamental algorithm for dependency parsing. In: Proceedings of the 39th Annual ACM Southeast Conference: 95-102.

Debusmann, R.; Duchier. D.; Kruijff, G.-J. M. (2004): Extensible dependency grammar: A new methodology. In: Proceedings of the Workshop on Recent Advances in Dependency Grammar: 78-85.

Duchier, D. (1999): Axiomatizimg dependency parsing using set constraints. In: Proceedings of the Sixth Meeting on Mathematics of Language: 115-126.

Duchier, D. (2003): Configuration of labeled trees under lexicalized constraints and principles. In: Research on Language and Computation, 1: 307-336.

Earley, J. (1970): An efficient context-free parsing algorithm. In: Communications of the ACM, 13: 94-102.

Eisner, J. M. (1996a): An empirical comparison of probability models for dependency grammar. In: Technical Report IRCS-96-11. Institute for Research in Cognitive Science. University of Pennsylvania.

Eisner, J. M. (1996b): Three new probabilistic models for dependency parsing: An exploration. In: Proceedings of the 16th International Conference on Computational Linguistics (COLING): 340-345.

17

Eisner, J. M. (2000): Bilexical grammars and their cubic-time parsing algorithms. In: Bunt, H.; Nijholt, A.: Advances in Probabilistic and Other Parsing Technologies. Kluwer: 29-62.

Fraser, Norman M. (1988): Parsing and Dependency Grammar. In: UCL Working Papers in Linguistics, 1: 296-319.

Gaifman, H. (1965): Dependency systems and phrase-structure systems. In: Information and Control, 8: 304-337.

Harper, M. P.; Helzerman, R. A. (1995): Extensions to constraint dependency parsing for spoken language processing. In: Computer Speech and Language, 9: 187-234.

Hays, D.G. (1964): Dependency theory: A formalism and some observations. In: Language, 40: 511-525.

Hudson, R.A. (1990): English Word Grammar. Blackwell.

Karlsson, F. (1990): Constraint grammar as a framework for parsing running text. In: Karlgren, H.: Papers presented to the 13th International Conference on Computational Linguistics (COLING): 168-173.

Karlsson, F., Voutilainen, A.; Heikkilä, J., Anttila, A. (1995): Constraint Grammar: A language-independent system for parsing unrestricted text. Mouton de Gruyter.

Koo, Terry; Carreras, Xavier; Collins, Michael (2008): Simple Semi-supervised Dependency Parsing. In: Proceedings of ACL-08: HLT: 595-603.

Koo, Terry; Collins, Michael (2010): Efficient Third-order Dependency Parsers. In: Proceedings of the 48th Annual Meeting of the Association for Computational Linguistics. 1-11.

Kudo, T.; Matsumoto, Y. (2000): Japanese dependency structure analysis based on support vector machines. In: Proceedings of the Joint SIGDAT Conference on Empirical Methods in Natural Language Processing and Very Large Corpora (EMNLP/VLC): 18-25.

Kudo, T.: Matsumoto, Y. (2002): Japanese dependency structure analysis using cascaded chunking. In: Proceedings of the Sixth Workshop on Computational Linguistics (COLING): 729-733.

Kübler, Sandra; Prokić (2006): Why is German Dependency Parsing More Reliable than Constituent Parsing?. In: Proceedings of the Fifth Workshop on Treebanks and Linguistic Theories (TLT): 7-18.

Kübler, Sandra; McDonald, Ryan; Nivre, Joakim (2009): Dependency Parsing. Synthesis Lectures on Human Language Technologies #2. University of Toronto.

Lemnitzer, Lothar; Zinsmeister, Heike (2006): Korpuslinguistik: Eine Einführung.

McDonald, Ryan; Crammer, K.; Pereira, F. (2005a): Online large-margin training of dependency parsers. In: Proceedings of the 43rd Annual Meeting of the Association for Computational Linguistics (ACL): 91-98.

McDonald, Ryan; Pereira, Fernando, Ribarov, Kiril, Haijiwč (2005b): Non-Projective Dependency Parsing using Spanning Tree Algorithm. In: Proceedings of HLT-EMNLP: 523-530.

McDonald, Ryan; Lerman, Kevin; Pereira, Fernando (2006): Multilingual Dependency Analysis with a Two- Stage Discriminative Parser. In: Proceedings of the Conference on Computational Natural Language Learning: 216-220.

Mel'čuk, I. (1988): Dependency Syntax: Theory and Practice. State University of New York Press.

Nikula, H. (1986): Dependensgrammatik. Liber.

Nivre, Joakim (2005): Dependency Grammar and Dependency Parsing. MSI report 05133. Växjö University: School of Mathematics and Systems Engineering.

Nivre, Joakim (2006): Inductive Dependency Parsing. Text, Speech and Language Technology. Vol. 43.

Robinson, J. J. (1970): Dependency structures and transformational rules. In: Language, 46: 259-285.

Samuelsson, C. (2000): A statistical theory of dependency syntax. In: Proceedings of the 18th International Conference on Computational Linguistics (COLING).

Sleator, D.; Temperley, D. (1991): Parsing English with a link grammar. In: Technical Report CMU-CS-91-196, Carnegie Mellon University, Computer Science.

Sleator, D.; Temperley, D (1993): Parsing English with a link grammar. In: Third International Workshop on Parsing Technologies (IWPT): 277-292.

Tesnière, L. (1959): Éléments de syntaxe structural. Editions Klincksieck.

Wang, W.; Harper, M. P. (2004): A statistical constraint dependency grammar (CDG) parser. In: Keller, F.; Clark, S.; Crocker, M.; Steedman, M.: Proceedings of the Workshop in Incremental Parsing: Bringing Engineering and Cognition Together (ACL): 42-49.

Yamada, H.; Matsumoto, Y. (2003): Statistical dependency analysis with support vector machines. In: Van Noord, G.: Proceedings of the 8th International Workshop on Parsing Technologies (IWPT): 195-206.

Zwicky, A.M. (1985): Heads. In: Journal of Linguistics, 21: 1-29.